ビジネス旅館の女主人

豊田三枝

文芸社

ビジネス旅館の女主人

——

目次

第三章　子供達の旅立ち ―――――― 85

第一章　大阪へ

故郷を後に

長女の幸子《さちこ》が小学六年生、長男の徳雄《のりお》は小学四年生、次女の伸子《しんこ》は小学二年生、そして八十歳の舅《しゅうと》光太と私の五人で故郷、岡山県笠岡市を後にして、大阪府八尾市に出て来たのは昭和三十四年十二月二日のことであった。

先に私が、大阪市内やその周辺を歩き回って見つけた、今にも倒れそうな古びた旅館の手直しをする工事中の建物に、舅と三人の子供達を呼び寄せたのである。

寝る場所も改修工事を避けて、今日はこの部屋、明日はあの部屋といった状態だった。

到着後、なんとかお風呂も入り、食事も済ませてから、

「いろいろの都合で、お母ちゃんはここで旅館をすることにしたの、一生懸命働くつもりだけれど、あんた達も今までの生活とは変わってしまうので、すまないと思うわ。堪忍してね。それで、これから、あんた達はどうしたいと思うか言うてちょうだい」

と口火を切った。

これからの生活について皆で、よく話しておかなくてはと思ったからであった。話が教育や学校のことになったとき、長女の幸子は、

「私は小さいときから、大学へは当然行くものと思っていたのやけど、それは無理になったのやろか？　私は大学には行きたい」

と言う。

長男の徳雄も、

「僕は医者になりたい。そしてお父ちゃんの病気を治してあげたい」

その健気《けなげ》さに私も込み上げてくるものがあった。

次女の伸子は黙って大きな目をパチパチさせていたが、その目からは涙が零れ落ちていた。そして、

「私も大学に行かせて欲しい」

と言いながら私の顔をじーっと見つめた。

子供達には子供達の希望する道を歩ませてやりたい。そのためには費用がいる。

でも、手持ちの金はほとんどなくなってしまっている。

それに、八尾市は昔から立派な神社・仏閣があり由緒ある町なのに、メインストリートの表通りからずっと離れている近鉄八尾駅周辺は、野原や田圃ばかりである。どうしてこんなに違うのかと驚くばかりで、駅のプラットホームと道路の間にある溝《どぶ》から、悪臭がただよっていた。

こんな環境の中で、このちっぽけな駅前旅館（今で言うなら、ビジネスホテル）を営業してやってゆけるかしら？

思えば、当時は岸信介内閣の時代で、翌年の日米安保条約の改定に向けて議論が百出、安保反対闘争が盛り上がりを見せ始めていた。皇太子様と美智子様のご結婚の明るいニュースもあったが、私は生きるのに必死で、株式ブーム、マイカー時代が始まったなどと言われても、まるで他人事《ひとごと》であった。

街には第一回レコード大賞受賞曲「黒い花びら」が流れていた。

ともかくなんとしても、頑張り抜かねばと、決意するだけだった。そして、

「つましい生活になるやろけど、お母ちゃんは一生懸命働くから、あんた達も勉強に精出して自分の進みたい道に向かって努力して欲しいと思う。どんな苦しいことにも負けないで頑張ろうよ。お母ちゃんは生活に、あんた達は勉強に頑張り合いの競争をしようよ」

と自らを励ますように宣言した。

私の横に座って聞いていた八十歳になる舅、光太も、

「わしもなぁ、出来るだけ足手まといにならんように頑張るけん、よろしく頼んますら」

五人は手を取り合って泣きながら誓い合った。子供達には、

「お父ちゃんは身体が弱いので、働けないから笠岡に残ることになったの」

と言って聞かせてあって、夫、穣《みのる》とは事実上、離婚はしたけれど、戸籍はそのままであったし、離婚をしたとは、よう言わなかった。

それにしても、旅館業なんてやっていて、子供達への影響は? 肩身の狭い思いをさせるかもしれないと心配であった。でも資金もなく経験もないのに、ちっぽけながら、旅館という商売と住居を入手出来たことは有り難いことである。

幸い私は幼い頃から病気知らずの丈夫な身体を戴いているし、働くことは苦にならない。頑張ってやっていくしかないのだ。

「ちっぽけな舟」はもう漕ぎ出たのだ。

女の身の私が、男商売の砂糖の卸業をするよりも女商売をするのだから、やりよいのではないか、「大船」に負けないように頑張るより方法はないではないか。

商売に見切りを

私達は岡山県笠岡市で砂糖卸販売店を営業していた。

昭和三十四年、公務員の初任給が九千円の頃、砂糖三十キロ入り一袋の値段は四千円前後していた。

売り上げの少ない日で五十袋、多い日は百袋の商いである。売上金額はすごく多い。しかし利益はごくごく小額しかない商売である。

朝二トン車一杯に砂糖を積んで出かけた店員達が、夕方には、売り上げの紙幣や硬貨をごっちゃまぜに砂糖三十キロ入りの空袋に詰め込んで担いで帰ってくる。事務所の後ろの部屋の一、二メートルの四方の机の上に開け始め、山盛りにぶちまく。その砂糖まみれのお金をより分けて、集金帳の総額と合わせて、帳尻が合っていると、店員達が引き上げて行く。

後は私一人で売掛けと現金売りに仕分けて帳簿に記入し、明日の行き先の商店名と売掛け金を書き抜いておく。

そしてお金を金庫にしまうのだが、そのころを見計らって、夫、穣が帰って来て、お札を鷲づかみにして、ポケットに捩《ねじ》り込み、さっさと出かけてしまう。止めようとすると、暴力を振うのである。そしてお金がなくなると帰ってくる、ということの繰り返しになっていた。

「こんなことでは、商売は出来んようになるわな。早うなんとかせんと、お店がつぶれるわ。そしたら家族みんな路頭に迷ってしまわならんわな」

と嘆く舅に私の思いを打ち明けてみた。

「私は離婚して大阪へ行き、何か仕事を探したい」

と言うと、舅は、

「三枝さんの気持ちはよう分かるし、わしは賛成じゃ、明日にでも店を閉めたいと思っていますら」

舅は握りしめた手をぶるぶるさせながら、

「決心がついたら、早い方がようありますけん、明日にでも大阪へ行って、お母さんに相談して来なせい。それでお母さんが賛成してくれなはったら、早いとこ、その準備にとりかかりましょうや」

そして、

「大阪に落ち着き先がみつかったら、わしも連れて行って欲しい」

と、八十歳になる年老いた顔に涙を流しながら訴えた。

お店は表向きは、しばらくこのまま続けて行く格好で、私だけが大阪へ行き、住居と生活が出来る商売を見つけることにした。

三人の子供達にも、店員にも、お手伝いさんにも内緒にしておいて、店は舅が頑張ってくれることになった。そして舅と私はその間のお店のやりくりの打ち合わせをした。

大阪へ

在庫がかなりあるので、砂糖の仕入れはストップした。二トン車で売りにゆく商売を少なくして、その店員にはお店の手伝いをしてもらい、来店のお得意さんを中心に買ってもらうことにした。売上金と入金帳の記入は舅がしてくれることになった。

子供達や、店員、賄いのおばさんには、私の母が急病で見舞いに行くということにして、子供達や舅のことをよろしくお願いした。そして私一人で大阪に行き、里の母に話を聞いてもらい、協力を頼むべく、翌朝早く実家のある大阪へ出発した。

女手ひとつで家族を養うためには、何とか表通りの家を借りて、昼は喫茶、夜はスナックバーをやるのが良いのではないか、と思い、コーヒーの入れ方やシェーカーの振り方の本を買って勉強もした。

早速、翌日から新聞広告を頼りに大阪市内や郊外を歩き回った。

商売が出来て、家族が生活出来る家、そして資金が乏しいので安く貸してくれる物件を求めて、でもそんな虫のいいことはある訳がないわなあ、と自問自答しながら、ひたすら探し歩いた。

そんな頃、心斎橋の大丸、そごうの御堂筋をはさんだ斜め前の貸喫茶店を見つけた。

岡山県で砂糖卸商の同業者である山本さんという方の娘、典子さんが大阪環状線玉造駅の近くでバーを経営していたので、アドバイスを聞き

に行った。典子さんとマスターは、気持ち良く一緒に現場を見に行ってくれた。そして、

「とてもいい物件だ。なんなら、手続きをしておいてあげますわ」

と言ってくれたので、わずかな手持ちの金を手付金として渡し、よろしくとお願いして、金策のため笠岡へ帰った。

なんとかお金を工面して再び玉造の典子さんをたずねると、

「あの物件は、もう借手がついてましたわ。さすが場所のいい所は違いますな」

と言われた。

田舎住まいに慣れた私は、田舎のお店をやりとげて、出て来なければならないので、これからも力になってもらいたいと思い、ていねいにお

礼を言って帰ってきた。

仕方なく、次の物件を探しながら、もしあのお店を借りることが出来ていても、住まいをその近くに探さねばならなかったな、大阪のど真ん中では絶対に無理やなあと、諦めていた。
五、六日程たった頃、子供達に何かお土産をと思い、大丸へ買い物に行ったついでに、先日おじゃんになった喫茶店を覗いてみた。なんとお世話してくれたはずの典子さんとマスターが商売をしているではないか。
なんとも言えぬ複雑な気持ちがした。

すっかり諦めていたのに、騙されたという惨めで悲しい思いが込み上げてきて仕方がなかった。

こんな気持ちで笠岡には帰りたくないので、帰るのを一日延ばすことにした。母になぐさめられて、なんとか気を取り直して、翌朝阪急沿線の高槻周辺を歩き回ったけれども、思うような物件がない。やはり帰ろうかと思ったが、ここで諦めては駄目だと思い直し、さらにもう一軒天満橋の飲食店のあとの物件を見に行った。

しかし、そこもあまりパッとしない。今日はこれで帰ろうとバスに乗ったのだが、乗り間違えをしてしまったのに気がついて、千日前の停留所で飛び降りた。次に来るバスを待ちながら後ろを見ると不動産屋があり、表に張り出してある広告を見ていると、駅前の旅館の権利売買というのが目についた。

中に入って聞いてみると、その物件は、近鉄八尾駅前だと言う。今日はもう日も暮れかけていることだし、明日案内してもらうことにして、ひとまず実家へ帰った。

夜、笠岡へ電話をすると、子供達が代わる代わる元気な声で学校のことや、友達のことを話し、

「お母ちゃん、おばあちゃんの具合はどうですか？　少しはよくなられてるかしら？　大事にしてあげてね。それからお母ちゃん、早う帰ってきてね」

と口々に叫ぶように声を上げる。

子供達との話は一杯あるのだが、舅に代わってもらい、

「南海沿線の三ケ所を見て歩いたのだけれど、住まいには、とてもよいと思ったけれど、お商売には駄目だった。また上町線の北畠にも行ってみましたが、あまりパッとしなかった……。留守のことをよろしく」

とお願いした。舅は、

「子供達は元気で、大丈夫だから、心配せんでもいいよ。それからなあ、あんたが出てからな、いっぺんも帰って来んかった穣が、昨日帰って来てなあ、あんたのことを、ねほりはほり聞いて来たので、お母さんの病気見舞いに行ったと言うておいたよ。それでなあ、商売の金のやり繰りがつかないけぇ、仕入れの注文も出来ず、困っているのじゃが、どうしょう？　て言うておいたよ」

「おおきに、おじいちゃん、よう言うてくれましたね。それで穣はどうしましたか？」

「黙って、手提げ金庫の中のお金を持って、また出てゆきましたわ」

八尾に決定

近鉄の上本町の駅で不動産屋さんと落ち合って、八尾駅前の旅館を見に連れて行ってもらった。駅前と言えば、少しは整備されているものと思っていたが、表も裏も横も溝川《どぶがわ》にかこまれて、今にも倒れそうな古びた建物であった。

こんな建物でも旅館をしていたのかとびっくりしてしまった。ただ南北にバスが通っていた。バス通りと言っても、すれちがいが出来ず、所々広げられてある所まで一方がバックして、上下のバスがやっと行き違うほどの狭い道路であった。その道路に平行した一・五メートル幅の溝川をはさんで民家が立ち並び、その民家からはめいめい道路に簡単な橋を架けて出入りしていた。

めざす旅館も、駅の下り改札口から西へプラットホームとならんだ小さな溝川に平行して、道幅三・五メートルの道路を三十メートルほど進んだ所でどんづまりとなって、右折したその角っこに、今にも倒れそうな、仕舞屋《しもたや》作りの旅館の空き家であった。

びっくりするようなぼろ家だが、それだけに家賃五千円と安く、資金がわずかしかない私でも、ここなら家族が一緒に暮らせるだろうと思い、足の便利さに引かれて、手を打つことにした。

前の旅館主に権利金を百万円払い、家主さんにはどんなに手を入れても良いとの認め料として十七万円を、そして不動産屋へは仲介手数料として三万五千円を支払った。そして、手間賃の安い大工さんを紹介してもらって、ただちに工事にかかることにした。

その間八尾と笠岡を何度も何度も往復した。笠岡のお店のかたづけをして、店員にもそれぞれのお礼をして辞めてもらった。

住み込んでくれていた藤本という店員は、

「なんでもするから、連れて行って下さい」

と言って困らせた。

「私達はゼロから出直すのだから」

と言っても、

「どんなことでも手伝いたい」

と、泣きながら言ってくれるのを、家族だけでも生活してゆけるかどうか見通しがつかないこともあって、いろいろとなだめすかして、得心してもらったが、いつまでもあの子の男泣きする顔が、心に残った。

転校の手続き

何はさておいても、子供達の転校手続きをしなければならない。

子供達がまだ幼いころ、岡山県笠岡市の家のお向かいに、海運関係の仕事をしておられる風間さんという方が、一人娘である美智子さんと親子三人で住んでおられた。

いつも、風間さんのご主人は、朝早くから、ひと仕事をすませて、

「のりちゃーん、おじちゃんと遊ぼう」

と言って、人一倍やんちゃで手のかかる徳雄を連れに来てくれて、ご夫婦で遊ばせてくれたので、商売に忙しい私は、大だすかりで有り難い限りであった。

その美智子さんが岡山大学を卒業したとき、それまで地方公共団体は、どこも女子の大学卒業者は上級公務員として採用していなかったが、大阪市庁が初めての試みとして募集したのに応募して、見事パスした。

それをきっかけに、風間さん一家は大阪へ転宅してゆかれた。そして、大阪市内にお住まいとばかり思っていたのに、その風間さんが偶然にも私達の住まいと定めた、八尾市内にある公務員住宅に住んでおられたのだ。美智子さんは大阪市庁の婦人部長として活躍しておられ、後に東淀川区長として活躍された。

さっそくお伺いに行くと風間さんは、

「嬉しい偶然だ」

とすごく喜んでくれて、教育の大切さを強調され、

「小学校はお宅の学区の用和小学校よりも八尾小学校の方がよろしいで」

と言って三人の子供達の転入先として籍を預かってくれた。

まだその頃は学区のことは、やかましく言われておらず、子供達は学区外の八尾小学校の方へお世話になることになった。

小学校

子供達が登校し始めて二週間目に、幸子の受け持ちの先生から呼び出しがあった。何事ならんと、自転車で走ってゆき職員室へ行くと、受け持ちの先生が応接室へ案内してくれた。しばらくすると校長先生が入って来られ、改めて挨拶を交わした。女の事務員さんがお茶をもって来てくれて、すぐに出て行った。

受け持ちの先生は、

「前校での成績表は本校の一番より大分成績が上位になっていましたが、失礼ながら学校差もあることだしと思っていたのですが、二学期の期末テストでは今までの本校の一番よりかなり点数が高いのです。卒業間近になって他校から転入して来た子に優等生をもってゆかれることは、どうも学校側としては忍びがたいので、幸子さんの成績簿に点数を書き込むのを控えたいので、ご了承ください」

というものであった。

要は成績が良くても、卒業間近に外部から来た者は、優等生にはなれないということであった。

校長も受け持ちも恐縮したように二人で最敬礼をされた。その頃は、まだ学区が余り厳しくは言われていない時代ではあるが、三人の子供達を越境入学させていたので、こちらとしても弱みもあった。

しかも田舎から稼業をしくじって出て来た私達ではあり、弟の徳雄も、妹の伸子もお世話にならなければならないし、六年生の終わりになって飛び入りした幸子に優等生なんて、もらえるはずもないと思っていたこともあって、私は承知して、最敬礼のお返しをして家に帰った。

その時はそれですんだが、あとになって幸子のためにこれでも、よかったのかなあと、思い出すこともあった。

私の生い立ち

てん・てん・てん
てんてん手毬りの手がそれて……
紀州の殿さま　お国入り

と、手毬歌で歌われている紀州街道は、浪速から和歌山まで通っている道で、江戸時代、参勤交代の大役をすまされた紀州の殿様が、お国のお城までの一本道、その街道の中程に岸和田市がある。勿論岸和田の殿様もこの道を通って参勤交代のため、往復された街道である。

時間を遡ることになるが、ここで私の少女そして青春時代を簡単に振り返ってみたいと思う。

その岸和田市に春木町という小さな町があり、私はそこで育った。昭和十年には、四キロの道を歩いて女学校へ通ったものだ。途中で友人のキミちゃんを誘って、昨日の出来事を話しあったり、映画のストーリーについてお喋りしながら歩いた。

紀州街道は、町の中をたった一本通っているメインストリートで、田舎の小型バスがやっとすれ違うことが出来る道幅である。

時々、荷物を一杯つんだ馬車も通っていた。街道沿いには、民家や商店が立ち並んでいた。その街道を歩いていると十五分ごとのバス二台に追い越される。下野町をすぎて並松町にさしかかった辺りで、いつも会う男子学生が三人か四人、「ピーちゃん、ピーちゃん、ピーコちゃん」と私の幼いころからの呼び名を呼ぶのだ。私達は、その知らぬ顔をして通りぬけるのである。多分、私より一学年上級の兄の学友なのであろう。兄から妹の呼び名を、ピーコちゃんなんて聞いて、からかってみたくなったのかな。

ある日、私は学校で足を軽く捻挫して、バス通学をしていた。後部座席に腰をかけて、出発時間を待ちながら外を見ていたが、ふと下を見ると若い運転手が、しゃがんで地面に何か字を書いていた。好奇心で、何を書いているのかよく見ると、恋・恋・恋と、そこらあたり一杯に書きなぐっていた。運転手は顔をあげて、私が見ているのに気がつくと赤い顔をして、いそいで靴底で恋の字を消して運転席についた。それから私は何回か紀州街道を歩いているとき、あの若い運転手の運転するバスとすれ違ったが、そんなとき、あの運転手が、いつも恥ずかしそうに赤い顔をしていた。

女学校三年生のとき盧溝橋事件（昭和十二年）が起って、日中戦争が始まった。戦火は上海、南京へと拡大して、あれよあれよといった感じのままに太平洋戦争に突入してしまった。その頃の思い出はいろいろとあり、原稿用紙が何枚あっても足りないほどである。

小学校の同級生の男性は大勢が戦死した。あたら若い命が、と思うとただただ残念、いや無念と言うほかない。このことだけは、いつまでもいつまでも忘れずにおきたいと思う。

戦時中に青春を迎えた私にも、恋人が出来た。彼は旧制中学（五年制）の四年生から陸軍航空士官学校に入り、卒業し少尉任官、当時は中尉であった。豊橋に駐屯していたが、休暇には必ず会いにきてくれ、戦時中の貧しい家庭料理を家族と一緒に食べたり、二人で大阪市内へ出かけるのに、手を握る訳でもない。一緒にいるだけで楽しく胸を焦がしていた。親たちの間で積極的に結婚話が持ち上がった頃、彼は太平洋戦争の最激戦地とも言われたガダルカナルで戦死してしまった。

それから六十年を経た現在、世相は目まぐるしく変わってしまい、この変化を呆然と見守りながら、走馬灯のように走り去った昔の淡い青春を思い出して、懐かしんでいる八十歳の私が今ここにいる。

私が岸和田高女を卒業して技芸学校の高等専攻科で学び、花嫁修業をしていた頃のこと。母方の祖母よしのが、美容師をしている母の妹、初と大阪市空堀に住んでいた。

祖母よしのは緑内症を患っていて二度も手術を受けたのに快くならなかった。目は見えないのにパッチリと黒目勝ちの大きな奇麗な目をしていて、こんな奇麗な目で見えないなんて不思議と思う位であった。

高専に通っていたある日、突然に叔母、初がやってきて、福山のよしののお母さんが亡くなったのだが、よしのはお葬式に連れて行って欲しいと泣くのだと言う。叔母は結婚式の着付けを頼まれていて、連れてゆけないので、お姉ちゃんか三枝ちゃんにお願い出来ないかと言うのだ。

そこで私が祖母よしのと同道して、やっとお葬式に間にあって最後の別れをすることが出来た。祖母は見えない目から大粒の涙を流しながら、親不孝を詫びていたのが瞼にやきついた。

お葬式を取り仕切った源吉おじさんは、よしのの弟で、手広く農業を営んでいた。

おじさんは米作は勿論、その裏作で藺草《いぐさ》を作り、その藺草で畳表を織る芯にする麻も作っていた。そして日頃は座敷の畳を揚げて蚕も飼っていた。さらに山手の畠では薩摩芋を作っているのだと、私を案内してくれた。

「薩摩芋はのう、二千貫作ってのう、一千貫を供出すれば、あとは自由じゃけん、闇で売るのよ」

と、嬉しそうに説明していた。その頃は戦争中で、食糧難の私達には羨ましいこと、この上なしであった。

祖母よしのは目が不自由になってから、大阪上本町の金光教教会へお参りするようになっていた。その教会長は、

「岡山にあるご本部の隣町に玉島東教会があって、すごく偉い先生がいらっしゃるので、今度ご本部参りをしたときに、お参りしてお話を聞きましょう」

と言ってくれていたのに、目が不自由な祖母は遠慮していた。

それを知ったおじさんは、祖母と私を連れて参ってくれた。おばさんは、握り拳のような大きなおむすびに、煮しめとたくあんを持たせてくれた。

金光教玉島東教会の薦口先生のお話は、不信心者の私でも、心から大きな感銘を受ける、よいお話であった。

祖母と福山市の大祖母のお葬式に同道して間もなくの頃、恋人がガダルカナルで戦死したのである。

くる日もくる日も、うつろな気持ちをもて余し、両親を心配させていたが、ふと思いついたのは、福山のおじさんに連れられて、祖母とお参りした玉島東教会である。

あの先生なら、私の今後の生き方をアドバイスして下さるかも、と思ってお参りしたのである。

夏休みに入って間もない日、尾道の女学校の児玉先生が、女学生二人と卒業生二人を連れて来られていたので、その方達の仲間に入れてもらって、お話を聞いたり、悩みを聞いていただいたりした。

教会長鷹口先生は、

「差し支えなければ、四、五日滞在なさい」

と仰ったので、児玉先生だけ尾道にお帰りになって、女性四人と一緒に泊めていただいた。

修行は厳しいものであった。朝五時からのご祈念に間にあうように、男女四、五人の方が五キロの道を歩いてこられていて、近くの方達と併せて三十人程が、ご祈念されてから鷹口先生を囲んで、いろいろな話し合いをされていた。最後の日に鷹口先生は、私の父が校長であったこと、兄が東京高等師範学校卒業で、弟も同じ東京高等師範の在学生であることなど、身上をくわしく聞かれて、メモされていたが、三ケ月程経った頃豊田家に養子に出した一人息子の嫁にと縁談が持ち込まれたのである。

金光教玉島東教会長・鷹口豊二先生は以前は呉服問屋として従業員を二十五人も雇用し、京都に支店を出すほど手広い商いをしておられたが、奥様の静乃さんが三人の子供を残して三十四歳で亡くなられた。続いて長女の芳子さんが夭折し、長男光広氏も結核がもとで死亡した。そしてあれほど賢夫人で有名であった姑、きのはすっかり生気を失ってしまったのである。

三人の子供達のなかで一番身体の弱い二男穣を、なんとか結核という病魔から守りたいとの一心から、子供のいない妹夫婦に養育してもらうために、大事な一人息子を養子に出してしまったのだ。

ご自分は商売をやめ、精神修養に取り組む決心をなさった。

「この私の命は何の欲もなく、ただただ神に仕え、難儀な人達のために尽くしたい」

と願うのみで宗教に身を託されたのである。

その薦口先生から養子に出した息子の嫁にとの縁談が持ち込まれたとき、私の両親は、婚約者がガダルカナルで戦死してから、人が変わったように落ち込んでいる私を心配していたときでもあり、大急ぎで聞き合わせに走ったりしていたが、喜んでこの結婚に同意した。

終戦直後のことでもあり、簡素に挙式し、ご本部や、五ケ所の由緒ある金光教教会所を、結婚の報告を兼ねたお礼参りをして新婚旅行に代えたのであった。

駆け足で振り返ってみたが、私の結婚なども急ぎ足であったかもしれない。ただ時代の雰囲気が、そうさせたとも言えるし、当時の日本はほとんどが、そんな状況であったように思う。

第二章　旅館三笠の誕生

手作りの開業準備

終戦後十四年は経っていたけれど、やっと、めちゃくちゃな物資不足の混乱を乗り越えかけた頃のことであり、旅館業を開業するための夜具などの出来合いはほとんどなかった。たまたま、売っていても値段が高く、お粗末な物ばかりであった。高いお金を出して、そんなレディーメードを買うよりも、と思い、穣の生家が呉服問屋をしていた頃の反物の半端布が沢山あったので、住み込み店員達のための布団の中綿とともに持ち帰り、とりあえず十四、五人分、宿泊出来る夜具や座布団、寝間着を手作りした。

枕なども、あり合せの布で袋に手作りし、八尾に来たとき、お世話になった不動産屋に勤務している田中さんに紹介してもらったお百姓さんに頼んで、稲を脱穀した籾殻を分けてもらって、蕎麦殻とまぜ合わせて、中に入れて、間に合わせた。

開業二日前のこと

開店を目指して、寝具の用意も出来たし、各部屋に置き床を設置して、掛軸をかけ、大きめの一輪挿しに椿の花を挿した。

玄関の表戸を掃除していると、上品な女性二人が、声を掛けて下さった。その二人は岡山県から八尾市へお嫁に来る人のお母さんとお姉さんで、嫁入り支度を大阪で調えるために、十日ほど泊まりたいと言われるので、奥の部屋にお通しして、改めてご住所をきくと、なんと笠岡市にある瀬戸内海の島、北木島の人だとのことである。その偶然に驚いた。

当日は、生まれて初めての旅館業なので緊張しながら、一生懸命もてなした。いよいよ挙式のときには前日から十二人も泊まってくださり、式の後も慶び事で寄れたのだからと、夜更けまで宴会が続き、その賑やかなこと。これが旅館の景気づけのように思えて嬉しかった。

新しい商売に自信が持てたような気がして、ほっとしている時、遠縁にあたる渡辺さんが穣を連れて来られた。

笠岡で商売をしているとき、私達夫婦は何度も離婚の話し合いをしたのだけれど、そんなとき夫はいつも、商売の売上金全部を持って岡山で遊び、金がなくなると素知らぬ顔をして帰って来るので、ずるずるになってしまっていた。

玉島にある穣の実家は親も兄弟も死亡してしまったが、実父に最後まで仕えてくれた原田さんに、昔の家具や商売道具はそのままに無償で住んでもらっていた。それで、そこには、いつでも穣が寝泊り出来る部屋もあるので、何の心配もない状態ではあった。

穣は、岡山の彼女の所に身を寄せていたが、昔からよく言われているように、金の切れ目が縁の切れ目で、心身ともに疲れ果て、病気になり、動けなくなってしまって、岡山に住んでいらっしゃる渡辺さんのお宅へ倒れ込んだというのである。病院へも連れて行って下さったり、随分とお世話下さったが、そういつまでも、という訳にもゆかない。

困られた渡辺さんは、穣の養母の妹、永山さんに相談されて、穣を連れて来てくれたのである。

「永山さんから聞きましたので、あなた方のお気持ちや仰りたいことは、よく分かりますが、遠路送って来た私に免じて……」

と懇願するように言われる。

穣には帰ってきてもらいたくないが、もう渡辺さんには、これ以上ご迷惑をかけられないので、お礼をして、帰っていただくことにした。

渡辺さんが引き上げられると、穣はただ一言、

「すまなんだ」

と言って倒れ込んでしまった。

こんなつもりで、笠岡を出てきたのではなかった。穣には愛想も小想《こそ》も尽き果ててしまっているはずであったのに、こうして倒れ込まれて、どうすることも出来ない自分に、とまどってしまった。

喜びのあとの悔しさ

ほんのつかの間のことであったが、穣が帰ってきて、良かったと思ったことがあった。

穣は、人が変わったように、よく働いた。私が朝五時に起きて、お客様や子供達の朝食を調え、子供達のお弁当も出来て、お客様も、子供達も起きる頃、穣も起きてきて、子供達の食事の面倒を見てくれながら、お客様の会計をメモして、私にわたしてくれ、几帳面で達筆な領収書を書いてくれるので、私はどんなにか助かったことか。

穣は、八尾市の旅館同業者の面倒をよく見てあげていたので、すぐに組合長に推された。

後年、大阪万博の開催が決定し、その準備や会場建設で街中が大騒ぎの頃である。穣は大阪府観光旅館組合に出入りするうちに、弁が立ち、達筆なので理事として引っ張り込まれた。観光旅館組合の役員達と一緒に府庁や業者と接触するうちに、笠岡時代のような穣になってしまった。

出歩くには費用がいる。ちっぽけなビジネス旅館では、笠岡時代のような売上金はない。穣は、自分の生家の番頭であった原田さんに、留守を預かってもらっていたのだが、蔵の中の骨董品を持ち出し、家に帰るまでに、大阪で売却して、小遣いにしていた。しかし次第に、原田さんの手前、思うように持ち出しも出来なくなり、また売却するのも、むつかしくなっていたようだ。

私が、ご滞在のお客様から預かった十万円を封筒に入れて、神棚に供えるというか、隠しておいたのに、私の知らぬ間に中身を持ち出したのである（当時、一泊二食つき、二千円）。二週間泊まられて、お帰りのとき、預かった封筒を出してみると、中は空っぽ。なけなしのお金を出して、その場はなんとか取りつくろったが、帰ってきた穣をなじると、

「ああ、あれなぁ、ちょっと借りた」

と涼しい顔で答える。

情けなくて、涙も涸れ果ててしまうほどであった。

企業進出と伸子の受験

八尾には飛行場があり、パイロットや整備士が常宿《じょうやど》としてくれていた。昔から栄えた表筋とはかなり離れて近鉄八尾駅があり、駅の近辺は道路の両側の民家のほかは、見わたす限り田圃や野原であったが、戦後の復興がめざましくなった頃で、大阪市にある大手企業が工場や営業所を隣接する八尾市に置くことが多く、かなりの数の会社が進出してきたのである。東京や九州などから建設業者や機械設計・取り付け業者が来ても旅館が少なかったお陰で、ちっぽけな旅館三笠は、いつも満員になった。

子供達は順調に成長してくれ、幸子は八尾高校、徳雄は成法中学、仲子は小学六年生になっていた。

ある日の夕食後、仲子が私に、仲良しの友達が教育大学の付属中学を受験するのだと言う。

「私は付属なんて行けないことは分かっているけど、受験だけで良いから、私も受けてみたい」

と言い出した。幸子も徳雄も、

「お母ちゃん、仲子に受験させてやってほしい」

ひょんなことで、仲子は受験したが、見事パスした。旅館業の方もなんとか順調だったので、思い切って教育大学付属中学校へ行かせることにした。

舅、光太の死

ばたばたと忙しい日々を送っているとき、おじいちゃんがちょっとした風邪がもとで、肺炎を引き起こした。

親切なお医者さんは、酸素吸入など、手厚い医療を施してくれた。しかし、一週間の患いで、舅は天国へ旅立ってしまった。舅は、私に看病のための手をとらせないように、気を遣って、そっと息を引き取られたのかと思えて、いまさら、おじいちゃんの、ありし日の人柄に感謝するばかりであった。

忘れられないお客様

駅前の、こんなちっぽけなビジネス旅館なのに、今から思えば、絶対に、といってても良いくらい、あり得べくもないお客様が、お泊りになったこともあった。思い出すままに少し書き記してみたい。

宗子学先生

長いこと、ビジネス旅館を営業していたが、そのなかでも、私にとって最も貴重な思い出の一つは、宗子学先生のことである。

まだクーラーなんて高根の花の頃、昭和三十五年の八月始め、それはそれは暑い夏のことであった。韓国の方が三人で来られ、そのうちお一人だけ長期滞在したいので、一番安い部屋をと希望された。部屋を見てもらうと、そこで結構ということになった。宗子学さんと言って、見るからに知性あふれた上品な方で、こんな部屋で良いのかなとさえ思ったものだ。

お茶をお持ちすると、ものすごく沢山持ち込まれた荷物を整理されていた。中身は本で、厚さ三センチから十センチもある辞書ばかり、二十冊ほどもあり、皆、著者・宗子学とあった。

随分偉い方なのに、物腰が柔らかくて、優しく、綺麗な日本語を話されていた。どこかで講演をなさるらしいが、土曜も日曜もなく、迎えの方と駅の方へ歩いて行かれ、お帰りは食事を済ませて、お一人で帰ってこられるのに、お酒を飲んだ気配もない。せめてと冷たいお茶をお持ちするのだが、いつも嬉しそうな笑顔で、韓国の様子をいろいろと、お話ししてくれていた。八月も終わる頃、お引き上げの日に、
「お世話になりました。いつも、韓国では見ることがない笑顔で、迎えてくれて楽しかった。何とか都合をつけて、韓国へ来てください。私が案内しますから」
と両手で強く握手をされて、迎えの方と一緒に帰ってゆかれた。

東久邇真彦様

今では到底考えられないことがあった。

それは、昭和天皇の第一皇女、照宮様のご子息である、東久邇真彦様

が、我が旅館に泊まられたのである。

昭和五十三年二月二十一日のことである。幸子が八尾小学校へ転校した当初から、そして中学校で仲良くしてくれた、小田さんのお父さんがやってきて、

「うちで、フランチャイズの店をやることになったので、指導員の方を三日間、泊めてください」

と三人の方を連れてこられた。

三人ご一緒の部屋が良いと言われるので、六畳二間続きの部屋にお泊まりいただいたが、宿帳には代表の方のお名前だけで、後は「外二名」と書かれてあった。ご滞在の場合、お世話するのに困るので、私は、

「皆様のお名前をお願いします」

と申し上げた。
すると、三人は顔を見合わせて、苦笑いを浮かべていたが、後の二名の方の一人が、
「ひがし君、いいか?」
と言いながら、名刺を出された。受け取って目を通してみると、なんと、なんと、まあ、びっくり仰天、目をこすりながら見直した。
　伊藤ハム栄養食品株式会社
　　フランチャイズ本部
　東久邇真彦
　　（直通電話番号）
と書かれてあった。

そのひがし君の顔をよく見ると、昭和天皇陛下の第一皇女、照宮様にそっくりのお顔をしていらっしゃるのに改めてびっくりした。

翌日、小田さんの経営されている、フランチャイズへ買物に行ってみた。ひがし君こと、東久邇様は白衣を着て、白い帽子を斜めに被って、奮闘しておられた。世が世であれば、考えられない事やなぁと、複雑な気がした。そして遠い昔のことが思い出された。


それは、私が岸和田高等女学校の生徒であった頃、お裁縫の牧先生という上品な先生がおられた。その先生の妹さんが、東京女高師を一番で卒業されたとかで、照宮様の侍従女官長をしていらっしゃった。

照宮様が京都へお出ましになった時、牧先生は妹さんに一目会いたいと京都までゆかれ、待っていたのに、宮様の後ろで、顔は前を向いたまま、ちらっと目だけ動かしただけで、通り過ぎて行かれたということだった。それなのに先生は、

「一目会いたいと思って、一目会えたのだから」

と仰って、笑っておられた。

怖いもの知らずの私は、ひがし様お泊りの三日目の晩に、そのことをお話しした。ひがし様は何とも言えぬ、愉快そうな笑顔で、聞いておられた。

三泊されてお引き上げになる二十四日の朝、同僚の方が、

「ひがし君はね。この二十六日に、結婚式をあげるのだよ」

「ええっ！　ほんとですか。嘘でしょう？　だってあと二日しか、ないではありませんか」

ひがし様はただニッコリされて、出て行かれた。

馬堀法眼画伯
ある日の夕方、二台の高級車が三笠の前に止まった。二人の男性が、前の車に乗っていた老人を抱え込むようにして、入ってこられた。

「この方お一人だが、朝食だけ付けて泊めてください」

「お一人だけでですか？」

思わず、私は問い返してしまった。

一人の方が、

「この方は馬堀さんとおっしゃる方ですねん。決してご迷惑はかけません。もし何かあればお電話を下さい」

と、丁重な物腰で名刺を出された。それには、

馬堀法眼喜孝関西事務所

木村文三

「千創」　茨木市水尾

とあった。

その二人は、宿代を払って出て行かれた。引き受け人もはっきりしたし、宿泊の代金も戴いたし、私はお茶をお持ちして、お風呂をおすすめした。

「私は、こんな旅館に泊まりたかったんだ。さっきの人達がホテルへ連

れて行ってくれたのだがね、ホテルは嫌だと言って逃げてきたんだ。ここに泊まれて、良かった。わしはな、若い頃は、こんな旅館にばかり泊まってたんだ」

と言って、そばにおかれていた、菓子箱をもちあげて、

「風呂へ入って来るから、これを預かっといて下さい」

と言いながら、蓋を取って見せられた。

箱の中には、一万円札の束がぎっしり入っていたので、びっくりする

私に名刺を出された。

全日本肖像美術協会総裁

株式会社日肖美術センター会長

警察官友の会理事

京都美術振興会評議委員
馬堀法眼喜孝

無知の悲しさで、私は、ぎょうぎょうしい肩書だなあ、くらいにしか思わなかったら、そのお年寄りの方は、

「一万円札や五千円札の肖像画を、私が書いたのだよ。そしたら、どんどん、お金が振り込まれるようになってしまった。私は、振り込みが嫌いで、今度はこうして現金を貰ってきたのだよ」

お風呂から出られてから、そのお金の箱を丁寧に、風呂敷に包んで、枕元において休まれた。

朝もご機嫌よく起きられてから、しばらく、部屋の窓から楽しそうに、電車を乗り降りする人達を眺めておられた。

ご朝食をお持ちすると、見事に奇麗に食べてしまわれて、

「おいしかった」

と、何度も喜んでくれて、迎えの高級車に乗り込まれた。

近大受験から結婚の話

昭和四十年、まだまだ旅館の少ないころで、ちっぽけなビジネス旅館は、満室の日が多かった。大学受験の時期になると、近くにある近畿大学や、かなり遠方の大阪経済大学、大阪産業大学でも、近郊の旅館はほとんど満室になっていた。

旅館三笠も同様で、前々から長期滞在中の飛行機整備士の植田さんが

使う部屋以外、全部受験生で満室になっていた。その日のお昼過ぎ、

「明日の近大の受験にきたのですが、母子二人泊めて下さい」

「ちょうど満室になっていまして」

とおことわりした。

その後で、整備士の植田さんが帰って来られて、

「急に一週間ほど沖永良部へ出張することになったので」

と出発された。

玄関でお見送りしていると、先程の受験生親子が、

「あっちこっち旅館を探したのですが、みないっぱいでした。どこか、泊まれる旅館をご紹介いただけないでしょうか?」

三笠は駅のすぐそばなので、足の便がよかったのか、また戻って、ど

こか空いていそうな旅館を聞きにこられたのである。

「ちょどよかった。たった今、部屋が空いたのですよ」

お互いに「渡りに船」とばかりに泊まっていただくことになって、大急ぎで部屋を掃除して、上がってもらった。

山口県から来られた吉原さんである。

翌日受験して山口県へ帰ってゆかれたが、後日「合格」なさったとの知らせを丁寧に寄こしてくれた。

あのかわいらしいお嬢さんの顔が目に浮かんだものだ。

それから吉原さんは四年間、近大で勉強された。その卒業式の前日のことである。吉原さんのお母さんが娘さんの卒業式のため、晴着を持って出てこられたのである。

翌日、お母さんは娘さんに着付けをするために、何度もやり替え、やり替え、頑張っておられたが、うまく着せられなくて、困りはててとうとう投げ出されてしまった。

私はその前年、長女、幸子の成人式に、着付けをしたこともあって、幸子のコーリンベルトや伊達巻などを使って、着せてあげた。ほっそりしていて、派手な蝶結びが上手に出来たので、喜んで出かけられる母子を、私も嬉しく送り出した。卒業式から帰って一泊され、私に丁寧にお礼を述べてくれ、帰って行かれた。

その年の秋のことである。あの吉原さんが、親子三人で泊りに来られた。大阪市内のホテルで結婚式を挙げるのだという。

お相手は、近大の教授のご親戚の方で、卒業式の折り、教授の許に来られていて、彼女の着物姿が特別奇麗であったと、みそめられたのがきっかけで、とんとん拍子に話がまとまったそうである。

「こんな良縁に結ばれることになれたのは、三笠のおばさんのお陰だから、出立《しゅったつ》は、三笠旅館から、おばさんに見送られたい」

と言うのだ。

他のご親戚の方達は大阪市内のホテルに泊まられたが、親子だけ、三笠に泊まられたのである。

これこそ旅館冥利につきると言うものだと、私は満ち足りた気持ち、そして苦労が報われた心持ちで一杯になった。

ライバル？

何の設備もない、ちっぽけなビジネス旅館でも、旅館不足の時期であったのと、低料金でもお食事には精一杯気を遣い御馳走を出していたこともあって、お泊りのお客様は喜んでくれた。

あるとき二つの大手電気メーカー関係者が五、六人ずつのグループで、長期滞在で、泊まられた折りのことである。朝の食事の時間は、どちらも、七時三十分にということであった。すると、お客さん方は、どちらに先に運んでくるか、廊下に立って、にらみあっているのだ。

そこで、それぞれの責任者の方にお願いして、片方へは七時二十分、もう片方へは七時三十分にと、一日交替にさせてもらうことにした。お風呂に入る順番にも、神経を遣わなければならなかった。

朝が早いので夜の門限を十一時に決めていたのに、なかなか協力してくれない。一人が、門限に遅れて帰って来ても、仲間が玄関を開けるのだが、それを他のグループの人が、玄関まで出てきて見ているのである。そしてその翌晩は、見ていた方のグループの人が、遅れて帰って来たり……。まるで子供のようにたわいない競争をして、企業同士がお互いに負けじと張り合う。男の人のかわいらしさのようなものを見させてもらって、結構楽しませていただいた。

その頃はまだシティホテルなぞなく、ちっぽけなビジネス旅館ならではのことである。そんな話がまるで昔話のように思われる昨今ではある。

ヤーさん

商売を始めた頃は、泊まりたいと言ってくだされば、どなたでも有り難く、お泊めしていた。

暑い暑い夏の日の夕方、男の人二人が玄関へ入るなり、

「二人泊まるわ、上がらせてもらうでぇ」

と言いながら、勝手に二階へ上がっていった。

私は、大いそぎで追いかけて、あらためて三号室へ通した。そして、お茶を持って部屋へはいってみると、太った方の男は、衣類を開《はだ》けた肩に、十センチ程の傷跡があり、胸には晒を幅広く巻いていた。そして、

日本刀を振りかざしているのである。本間建築とは言え、六畳のちっぽけな部屋で、である。

「まあ、まあ、どうなさったの？　こんな狭い部屋で、男っぷりをご披露なさっても、こんなおばさんが見てるだけではもったいないやんか。もっと広くて大勢の人が見ているところで、大見得を切りなさいよ。さあ、そんなブッソウなもの、しまって、しまって」

私のどこに、そんな度胸があったのか。気がつくと笑みさえ浮かべていたのには、我ながらびっくりしてしまった。

男は、私の顔を見ていたが、笑いながら刀を鞘に収めて、

「そのときは、おばはん、見にくるけぇ」

「ええ、知らせてくれたら、飛んで行くわな、私見たいもん」

と、勢いで言ってのけた。

こんなことがあって、その男達は風呂にも入らず、いとも静かに寝てしまった。

翌日のお昼過ぎには、子分と二人分の宿泊料を払って、おとなしく、

「世話になったなあ、また来るわ」

と、帰って行った。いかに私でもチェックアウトの超過料金は、よう請求しなかった。

後日、交番所の警官の話では、

「その男はな、この辺では、有名な殺し屋で、『殺しの安』と言って、やくざ連中に恐れられているのだ」

と言うのだ。

その警官が、一ケ月程たった頃、

「この間、話をした『殺しの安』なあ、生駒の隠れ家で、射殺されましたわ」

と、教えてくれた。

こんなことがあったのに、またうっかりと、ヤーさん（暴力団組員）を泊めたこともあった。彼らは、始めはおとなしく泊まってくれて、金払いもよく、きちんと支払うのだが、三回目くらいになると、

「今度一緒に払うわ」

ということになってしまう。

嫌がる女の人を連れ込んだ時など、すぐ隣の部屋で子供達が勉強しているので、困ってしまい、

「今、旅館組合から電話があってね、『これから警察が見回りにいく』と通達があったそうだわ。早くひきあげた方がいいわよ」

と言って、出ていってもらったこともあった。

そのころはよく警察の突然の見回りがあったのである。

その当時の八尾と言えば、小説『悪名』（今東光）で有名になった町だけあって喧嘩早い人達が大勢おり、夜中になるとヤーさん連中の喧嘩が絶えなかった。

ある晩、家の前で、騒ぎがあった。

ヤーさん達五、六人が、一人を殴ったり、踏んだり、蹴ったり、締め上げたり。気絶すれば、ご丁寧にもバケツに水を入れて来てぶっかけ、気がついたらまた殴って、蹴って、ということが何回も行われた。

私は家の中の電気を消して窓から覗きながら、大急ぎで警察に電話を掛けた。警察が来そうになると倒れた人をポンとトラックに放り込んで、どこかへ行ってしまった。あとからやって来た警官に、

「早う、早う、追いかけてちょうだいな。こうこうこんな車やからね」

と教えるのだ。

そんな所を見られたら、後の仕返しが怖いので、ソーッと隠れながらのことであった。

そんなわけで、旅館業を営むうちに一番身についたのは「人を見る目」であった。

よく客商売は人を見抜けなければ駄目だと言われるのだが、確かにその通りで、一見紳士然としていても、実は持ち合せがなかったなどとい

うことがよくあった。「その人の履物を見ろ」と聞いていたが、履物まで神経が行き届いている人は、やはり安心出来るのである。

第三章　子供達の旅立ち

入学金が……

幸子の幼い頃から念願の大学の費用は、どんなに苦しい時でも、少しずつ貯めていた。

音楽大学の入学金を納めるときに、私は大勢の滞在客を受けていて、ものすごく忙しくしていた。そのとき穣が納めてきてやると言ってくれたのです。いかに穣でも、幸子の大事な入学金だから大丈夫だろうと思ったのに、なんと使い込んでしまった。

堪忍袋の緒が切れてしまった私は、とうとう神様に、

「どうぞ、穣の足の一本でも、なくして下さい」

と、本気でお願いした。

今でも不思議なのは、穣が、次から次へと身体の不調を言いだしたのは、その頃からである。

おじいちゃん有り難う

岡山で薬品販売会社を営んでいる、亡き舅、光太の甥である藤沢の忠さんが商用で上阪したとかで、訪ねてきてくれた。

「叔父さんから預かっていた株券なあ、気になっていてなあ、送ろうかと思ったんじゃが、穣さんには知れん方がええかと思って、よう送らなんだんじゃ。今度大阪へ出てくる用があったんでなぁ、三枝さんに渡しておきますわ」

と言って「東京電力」の株券を渡してくれた。

早速、証券会社に行って、売ってもらったら、なんと、幸子の入学金にちょうど匹敵する三十万円に売れた。おじいちゃんが孫を守ってくれていたのだ。私は仏壇の前で、泣きながら手を合わせた。

「おじいちゃんのおかげで、幸子を音大に行かせられます。有り難うございました」

と何度も何度も、お礼を言った。

今でもそのときのことを思い出すと、涙が出てくる。一方で金を使い込む穣、一方でそれを予想したかのごとく株券を残してくれたおじいちゃん。人はそれぞれとは言うけれど、なんという天の配材かと思わずにはいられない。

幸子嫁ぐ

幸子は音大へ、徳雄は医大へ、そして伸子は女子大の英文科へと、それぞれ個性にあった大学へ進学していた。

幸子は、大学在学中からピアノやエレクトーンの家庭教師をしたり、楽器店の経営する音楽教室の講師、また大学卒業後は、母校である成法中学校の非常勤講師として、頑張ってくれた。そのお陰で家計はすごく助かって、ホッとしたのだが、大学卒業後一年余りしたころ縁談が持ち上がった。

昭和二十年八月の終戦。それまでは日本中の男性は、ほとんど兵役についていた。国内には、年寄りと女姓ばかりかと思える程であり、子供が生まれるということは、ほとんどなかったが、終戦後は外地で戦っていた男性達が、大勢復員して来たので、昭和二十二年頃には、行き交う二十代、三十代の女性のほとんどが妊娠しているような状態だった。

そんな時に幸子が生まれたものだから、小学校も、二部制であったり、それはそれは、大変な時に生まれたのだ。幸子が年頃になったころは、適当な男性が現れてくれるかしら？　こんなちっぽけなビジネス旅館を営業している家の娘ということで、縁が遠くなるのではないかしら？もし適当な男性に巡り合えない時は音楽教師にでもなって、強く生きてゆけるように、心の準備をしておかなくては、なんていつも案じていた。

郷里笠岡の旧家の長男の方や、長期滞在してくれていたパイロットの方が、また、中学校の若い先生から、次から次へ、お話をいただいたのには、嬉しく有り難く、今さらながら、神仏に感謝しながら問い合わせに走っているうちに、幸子が一番幸せになれそうなと思える良い縁談をいただいたので、結婚させることになった。

そのころの世間はまだ、あまり裕福ではなく、庶民の間では振袖なども、お金にいとめをつけなければ別であったかも知れないが、普通では、ありきたりな物ばかりである。私は子供の頃から、着物を見る目をきたえられていることもあり、幸子には稼ぎ先で肩身の狭い思いをさせたくないと、幸子が幼い頃からかなりの着物を買い求めていた。

特に花づくしの振袖の花模様を、私が日本刺繍で指し埋めて華やかさを強調したり、またお色直しのドレスも、生地屋やデパートの洋服生地売り場を探し回り、朱赤に金の蘭菊を織り込んだ緞子《どんす》の布地を見付けて手作りしたりした。

商売や、家族の面倒を見ながら、手作りで嫁入り支度をするのだから、それこそ大変であった。夕食が出来て、「ご飯よぅ」と、呼んでから皆が食堂に集まって来る十分間にも、私は針をもっていた。

そんな生活が続いていたが、結婚式が済んだとたんに、それまで張り詰めていた私は、ふぬけ状態におちいってしまった。あれほど、せっせ、せっせと縫物に励んだのに、針を見るのもゾッとするほど厭になり、街へ買い物に出ても、道路のちょっとしたくぼみに足を取られて、転んだりする有り様が続いていた。
商売どころではない状態に落ち込んでしまった。そんな私に穣は、
「おい、おい、しっかりしてくれよ、まだ徳雄も伸子もいるんじゃよ。
二人とも、はらはらしているよ」
と言ってくれるのだが、どうにもならない。
幸子が嫁いで、五十日も経ったころ、やっと正常に戻ることが出来たのである。

徳雄アメリカへ

三人の子供達は成長して、三者三様に思い思いの大学に進学した。へ

ルニアの手術、副甲状腺腫瘍の手術、心臓肥大と健康を損ってしまっていた夫を抱えながらであり、学費の捻出はそれはそれは大変であった。でも子供達も家計の苦しいのを知ってくれていて、アルバイトをしたり、子供なりによく協力してくれて、大いに助かった。

私達の生活自体は、ものすごく苦しかった。食生活は、朝お客様にお出しした残飯を大きなお鍋にぶち込んで、ぐつぐつ煮込み雑炊にしたり、塩鮭、ししゃもなどは、いためご飯にして、また夕食の残りの肉類を、カレーやシチュウなどに利用したり……と。

美味しく、栄養たっぷり、しかも費用いらずの日々を送ることが出来たという結果になったのは、大助かりであり、嬉しいことでもあった。

親も子も苦しい生活と闘いながら、それぞれの大学を卒業した。徳雄は引き続き大学院で勉強を続け、博士号を取ると、次は何としても留学したいと、熱病にかかったようであった。

指導教授は、ドイツへ留学したとき一緒に研究していた、アメリカで助教授をなさっている方を紹介して下さったが、

「年を取っているので、弟子を教育することが出来ないから」

と断られた。

アメリカに永住なさっている、穣の遠縁になる後藤さんという方（ダスキンの特別役員）が、日本に来られるとダスキン・スクールに泊まられるのだが、穣とよく気が合うこともあって、私方にも、よくお泊りになっていた。

そのときもちょうど私方にお泊りになっていて、徳雄に会ってくれ、

徳雄が書いた手紙を持って帰り、カリフォルニア大学医学部の宮井教授に紹介して下さった。

宮井教授は徳雄の手紙を、ハドソン学部長に見せて、相談してくださった。ハドソン学部長は、徳雄の手紙を大変気に入り見どころがあると思われたのか、留学を受け入れてくださることになった。宮井教授は徳雄のために、わざわざ日本にこられて、徳雄の大学の教授にお会いくださった。そんなことで、大学教授にもご納得いただき、徳雄の留学が本格的に実現することになった。

次女の伸子も、女子大学の英文科を卒業後、大阪大学歯学部の学部長秘書として勤務のかたわら、女子大生やライオンズクラブのメンバーに英会話を教えたりしていたが、学部長のお世話をいただき、大学院生と結婚して、幸せな生活のスタートを切ることが出来た。

アメリカ旅行

最高二二〇という高血圧を医者にもかからず、食事療法で一五五まで克服した穣が、

「死土産にアメリカへ行ってみないか?」

と言い出した。

血圧が高い穣には海外旅行なんて、とんでもないと思っている私は、びっくりして穣の顔をみつめながら言った。

「大丈夫なの？」

「うん。元気を出さないか？」

どうやら本気らしい。

昨年からアメリカのカリフォルニア大学サンディエゴ校に留学している息子一家から、毎週月曜日には電話がかかってくるのだ。月曜日はアメリカの日曜日で通話料が安いからである。親を案じてと言えば、涙、涙の話なのだが、もしかけて来ないときは、翌日、私の方からかけるので仕方なく（？）かけてくるのだ。日本からかけると、通話料が二倍近くかかる。

長女幸子夫婦の許にも、次女伸子夫婦の許にも、自分の留学中にアメリカへ来ないかと、再三手紙が来るらしい。でも私達には電話でも、手紙にも、一度も出てきませんかとも言ってはくれない。

アメリカのロスには二世である穣の学友のベン・ワダ氏もいらっしゃるし、穣の遠縁の金光教ガーディナ教会の教会長、後藤先生が、ダスキン大阪本社の特別役員をしていらっしゃる関係で、一年に数回、日本にこられる。穣とは特別気が合い、日本へ来られた時は、かならず私方で泊まられて、夜遅くまで、こんな楽しいことはないと言わんばかりに話し込んでいた。

ダスキン本部から迎えにこられるまで、二、三泊されるのだが、いつも、「わしが元気な内にぜひアメリカに来てほしい。知らせてくれれば航空券も送るし、ロス空港まで迎えに出るから、そして、うちに何日でも泊まられれば良いから」

と言ってくれていた。

穣は、

「徳雄のやつ、わしらには出てこないかとも、言うてもこない。だから、こちらから出かけてやろうや」

と言う。

身体の事が心配であったが、どうしてもというので、あちこちのパンフレットを集め、費用の安い旅行社をみつけたり、夫婦してパスポートの手続きに行ったりもした。

タクシーで本町にある、目当ての旅行社に飛び込んだつもりが、なんと別の旅行社に行ってしまった。費用は少々高いが、社員の応対がとても感じが良かったので、東急旅行のトップツアーに組み入れてもらった。

昭和五十七年六月のことである。

朝早くて、まだ荷造りも出来ていないうちに、長女幸子夫婦が迎えに来てくれ、空港まで送ってくれた。そして、ボックスの簡易旅行保険の加入手続きをしてくれたのが、後になって役に立つのである。

私達が一緒に搭乗するグループは何人ぐらいだろうか？　どんな方達なのだろうか？　べつのどこかに集まっているのかしら？

なんてキョロキョロしながらパンナム機の人になったが、どうやら私達夫婦二人きりのツアーらしい。何にしても生まれて初めての外国旅行である。穣の血圧のことが気になりながら、私はうきうき気分で、地図をひろげたような山や陸地を見下ろしたり、見事に真っ白な雲の景色に見とれていた。

穣も快適なためか、あまり疲れることもなく機嫌よう、雨のしょぼふるロス空港についた。ロスには雨なんか、めったに降ったことがないと言う。

空港に降りて、今乗って来た飛行機を振り返りながら、長々と続く人の列におされて歩いた。出口近くで、迎えにきてくれたツアーの係の人に会った。そして、しめっぽいロス市内を、いつもならバスなのに、今日は私達二人きりのツアーメンバーなので、乗用車できめこまかく説明しながら案内してくれた。

ビルトモアホテルについて、サムソナイト製の旅行鞄のキーがなくなっているのに気がついた。ホテルの中にある東急旅行の事務所の方にお願いして、アメリカサムソナイトに電話をしてもらった。係員がきてく

れたが、

「サムソナイト製でも、日本製に合うキーがありませんので」

と言って、

「旅行先では、急ぐだろうから」

と、スーツケースを壊して、新しいスーツケースと取り換えてくれたのである。

有り難いことに、保険扱いで、費用はいらなかった。

旅行の思い出

前にも書いたように二人だけのツアーだから、ロス市内を詳しく案内してもらってビルトモアホテルに着いた。

まず第一にすることは、徳雄に電話をすることだ。徳雄はどんなに驚き喜んでくれることだろうと期待いっぱいで、電話にぶら下げてある説明書をたよりにダイヤルを回した。

「きたよ、きたよ、徳ちゃん、きましたよ」

と言う私達に、返ってきた徳雄の言葉は、

「なんで今頃、出てきたの？　今な、秒刻みにいそがしいねん。迎えに行ってあげられないやんか」

であった。

穣も私も打ちひしがれてしまって、ものも言えなかった。

しばらくして、穣に、

「友達のベンさんに電話をして下さいな」

と言うのに、

「お前、かけてくれよ」

と言う。

日頃から日常生活でよく英語の単語を使っていたことだし、相手は穣の友達だから、

「あなた掛けて下さいよ」

の押し問答の末、結局、私が説明書のとおりにかけたのだが、

「ベラ、ベラベラベラ」

と交換手らしき女性の声。

チンプンカンプンの私は自分の部屋番号セブン・ナイン……を何度も

言いながら、受話器を切って、また初めから、やりなおしである。

三度繰り返して四度目に、

「どちらへお掛けですか?」

と男性が、日本語で聞いてくれた。

「『ベン・ワダ』に掛けたいのです」

「私がベンですが?」

やれやれ、良かった、助かった。

「わださんですか?」

大阪から来た豊田です、とも言わないうちに穣が受話器をとって、アメリカに来た顚末を話していた。

翌日、和田さんご夫婦が来てくれて、なつかしい再会を喜び合って、お昼をホテルのレストランで取りながら、ホテルに気兼ねなほど、ゆっくりと、あれやこれやおしゃべりに花が咲いた。

別れて部屋にもどると、ガーディナにお住まいの後藤先生から電話があった。

「徳雄先生から電話があり、話は聞きました。明日、私と堀さんとでサンディエゴまで送ってあげます」

とのことで、どんなにか有り難かったことか。

聞けば、日本から留学中の大勢のドクター達の中で、日本人では徳雄だけが、国際医学会で研究発表させてもらうことになっているとか。その論文の提出が明後日に迫っていて、追い込みの真っ最中であるとのこと。

「明日のお昼までにすませますから、よろしく頼みます」

ということなのだそうである。

あとで聞いたことだが、徳雄はこの国際医学会で発表したおり、ドイツ、イギリス、スウェーデン、デンマークなど、各国の研究者に名指しで、絶賛されたとか。私達は泣きながら喜びあった。

それにしても、私達はえらいときに訪米したものだと、バツが悪いような、気恥ずかしいような、親として、大変すまなく思った。

徳雄は、金光教ガーディナ教会の教会長後藤先生のご紹介でカリフォルニア大学医学部の宮井教授の許で勉強させてもらっていたのだが、その宮井夫人が奇遇にも金光教のご信者であった。ガーディナ教会にお参りなさるとき、徳雄も教授夫妻によく同道させていただくのだが、教会には二世の方が来られていた。

その人達は自分の病気のことやいろいろの医療の相談をするために、徳雄がくるのを待っていて、

「徳雄先生は親切で、やさしく病気のことを教えてくれるから有り難い」

と感謝してくれていて、私達にまでお礼を言ってくれた。

後藤先生と一緒に、私達を徳雄の住むサンディエゴまで送って下さった堀さんも、誰よりも徳雄に感謝していると言って下さった。

ロスからサンディエゴの道路は広い六車線で、所々八車線になっているところもあり、堀さんは車の中にフルーツや菓子など、たくさん持ち込んでくれていて、それらを戴きながらサンディエゴについた。サンデ

ィエゴでは堀さんの娘さん、カジさんの立派なお宅に連れて行かれて、そこで徳雄一家も合流し一緒にすごい御馳走で歓迎していただいた。

その夜はツアーで手配してくれていたホテルをキャンセルして徳雄の家に泊まった。お布団はカジさんが、手配し用意して下さったそうだ。サンディエゴ市の高台にある徳雄の家を借りてくれたのもカジさんで、食料品は、お米は勿論のこと、肉や調味料、それにフルーツまで、知らない間に冷蔵庫に入れてくれているとかで、有り難く心から感謝するばかりであった。

徳雄の家の横の谷間を、ロスからサンディエゴ行きの汽車がポッポウと汽笛を鳴らしながら走る様は、まるでおとぎの国から汽車がぬけてきたようで、こんなアメリカもあるのかなあと、楽しかった。

ここの住宅地では光熱はガスがなく、すべて電気を使用していた。また洗濯物も、外から人目に触れる所に干してはいけないのだ。家の前の車置場では、オイルをもらしてはいけないし、もし、もらしてしまったら、直ちに掃除をし、オイルの跡形も、ついていてはいけないことになっていた。そしてその時に必要な掃除道具も、人目につかない場所にしまっておかねばならなかった。日本でルーズなマナーしか知らない私達は、びっくりしたり、感心したり、恥ずかしかった。

翌日サンディエゴ港を見下ろす高台のプールもある教授の豪邸にお伺いした。夫人自らの手料理で、ものすごく大きい伊勢海老など、すばらしい沢山の御馳走で歓迎して下さった。

私達は、徳雄のことを、よくよくお願いして帰った。

次の日は、カジさんご夫婦がサンディエゴ港を案内してくださった。サンディエゴ港にはフォークランド紛争でイギリスを支援したアメリカの大艦隊が停泊していた。

カジさんのご主人が、海軍将校なので立ち入り禁止区域まで、私達を案内してくださった。

私達はテレビや映画でしか見ることが出来ない、こんな見事な大艦隊を生で、しかも、こんなに近くでお目にかかれるなんてと、感激した。

またイギリスのエドワード八世が王位を賭けた世紀のロマンスが生まれた、と言われるコロラドホテルで昼食を御馳走になった。庭のたくさんのブーゲンビリアの大木の葉っぱが、花びらとみまがうほど真っ赤で、その葉っぱが、大木の根元に落ちて積もり、赤く盛り上がっている美しさは、なんとも表現出来ない程であった。

本当に素晴らしいアメリカ旅行になった。帰国してから間もなく長い長い闘病生活を余儀なくされた穣の、そして私のなによりも楽しい貴重な思い出となった。

第四章　旅館三笠、廃業

穣、大往生

アメリカ旅行から帰って、半年程たったころから、穣は入退院を繰り返すようになっていた。

そのころには、世の中はすっかり、豊かになり、街には飲食店や食堂、喫茶店やお弁当屋が軒を並べていたので、旅館へお泊りのお客さんは、外食を希望する方が多くなった。三笠館も、宿泊だけの旅館に切り替えた。

子供達も、それぞれに巣立ってくれたので、私達の生活はちょっぴり楽になりかけたが、ほっと一息と思う間もなく、穣は、ヘルニア、副甲状腺腫瘍、心臓肥大、そして腹部に水が溜まったり、次から次へと大病にとりつかれ、穣の身体は本当に蝕まれて行った。

不思議なのは、そんな大病を患っていても、病人とは思えないほどしっかりしていて、自宅療養中には、私は穣の排便の世話をしたことはなかったことである。

次々と体の状態が悪化して、とうとう人工透析を受けることになり、週三回通院することになった。透析を受ける朝は、チャーターしておいた迎えのタクシーに一人で乗り込んで行く。帰りには、私か幸子、伸子、そして嫁の充代さんが、代わる代わる迎えに行く。そんな生活が二年程続いた。

私達夫婦は、結婚して四十六年であるが、穣が病に倒れた十年余りのみが、私にとっては、本当の夫婦らしい生活をすることが出来た時期のように思う。

家のことや子供のことなど、何を相談しても、一緒に考えてくれるようになった。手作りの残飯利用の料理も、「おいしいね」と喜んで食べるようにさえなった。

穣は身体を使って地道に働くことが出来なかったけれど、旧家の子として生まれ、祖母に裏千家から「雲錦亭」と名付けられた茶室でお茶の作法を仕込まれ、父豊二から漢詩を習い、丹崖画伯から絵の手ほどきを受け、また洋楽も好み、とくにチャイコフスキーやショパンを愛した。

よく学校の先生方が音楽発表会や講演のための説明を相談にこられたり、町の音楽愛好家の方がレコードを聞きに来られていた。

これらのどれを職業として選んでも、十分生活を成り立たせることが出来るほどのレベルに達していたと思えるのだが……。

私が、穣の生家の蔵に残っていた書画骨董品や、がらくたを大量に持ち帰ったときも、無知な私に手取り足取り教えてもくれて、いよいよ生活が苦しくなったとき、いつでも、それらを売って食べてゆけるように古物商の許可証を取らせた。そして、鑑定の手ほどきもしてくれた。以前は書画骨董品を売っては、自分だけの小遣いにしていたのに。

このように穣は、遅ればせながら良き夫となり私をリードしてくれて、知恵も貸してくれた。この療養中の十年余りこそ、私には本当の夫婦らしく思えた幸せな時であった。

穣は子供達の真心で十二分に療養することが出来た。亡くなる前日も、茶の間で好物のステーキで、ご飯をしっかり食べて、ゆっくりとテレビを見たり、おしゃべりをして就寝した。翌朝も、チーズをのせたトーストと、バナナを食べて、チャーターしていた迎えのタクシーに一人で乗って、いつものように手を振りながら出かけた。

二時間後、病院から「呼吸がおかしい」との知らせをいただいて、子供達に電話をかけておいて、病院へ駆け付けた。間にあったのは私と幸子だけで、駆け付けた時は、院長始め七人の看護婦さんが必死で、延命措置を続けてくれていて、やっとのことで死に目にあうことが出来た。

死因は、肺癌で、身体中に転移していたとか。というのに苦しむこともなく、安楽に死ぬことが出来て、私は、「大往生」してくれたと思った。平成三年十月三日のことである。

子供達と一緒に精一杯尽くすことが出来たので、あのとき、ああもこうもしてあげておけば良かったのに、なんて後悔は何もない。

思えば、私達は、あぶない橋を渡って来たものだ。心身の重労働にも耐えて、小さなビジネス旅館を切り盛りして、家族を支えることが出来たのは、一重に神仏の加護と、心から感謝するばかりである。

幸せな私

時代も移り変わり近くに立派なビジネスホテルが沢山出来だした。

私も、旅館もすっかり年を取ってしまって、お泊りのお客さんは、一時期に比べると随分少なくなっていた。

とっくに老後の仲間入りをした私に、

「いい加減で家《うち》へおいでよ」

と子供達が案じてくれるのを振り切って、何の設備もないちっぽけなビジネス旅館でも、お泊まり下さるお客さんがあって、私の足腰の立つ間は、細々ではあっても、頑張っていきたいと思っていた。

七十歳になった五月、仲良しの友達三人と、お互い足の便の良い、心斎橋のレストランで落ち合って、会食とおしゃべりを楽しみたいと出かける途中、歩道と車道の間のスロープでひっくりかえった。足の付け根が「ぽきっ」と音がして、あやつり人形の糸が切れたように、へニャへニャとなって、起きあがるどころか、四つ這いにもなれなくなった。

道路の両側のお店の方たちが、助け起こしに来て、歩道に上げてくれた上で、救急車を呼んで病院に運んでくださった。大腿頸骨骨折とかであった。出来ることなら、息子が救命救急病院の専門医であることを伏せて、その病院でお世話になるつもりだったが、伸子が聞いた院長の話では、二本の金属の棒で支えて骨の接着を待ち、固定してから再手術をして棒を取り出すのだと聞いてきたので、やめることにした。

再手術をしなくてもよいようにと、子供達が手配をしてくれた、徳雄の勤務する救命救急センターから迎えに来てくれ、関連病院で大腿頸骨人工骨置換手術を受けた。入院二ケ月というところを、手術後十一日目に退院して、自宅療養となった。徳雄が往診してくれ、リハビリも指導をしてくれた。

私が入院したとき、泊まってくれていた八人の滞在客は、幸子が、他の旅館へ移って下さるようお願いしたのに、

「掃除も何にもしなくてよい、寝られさえすれば、結構」

と言ってくれて、不十分な掃除しか出来ない中、二十日間も泊まってくれた。

そのお客さん達が帰られて、すぐその後も、五人で長期滞在してくださるお客さんもあった。この方達は、馴染みの気の良い若い人ばかりで、かるい冗談も言えて、私はむしろはなやいだ気分で、歩行器にたよりながら頑張っていた。

ところがある日、三人の子供達が、それぞれ夫婦連れでやって来て、商売をやめろと、言い出した。

「家族が同居していれば、なんてことはないけれど、七十を越したばあさんが、一人で、旅館をやっていて、変なお客に居座られでもしたら、危険だから」

と言うのだ。

悩みに悩んだ末、長年私と苦楽を共にして私達の生活を支えてくれた旅館業と別れる決心をした。

しかし、決心はしたけれど……。

幸子を嫁がせたあと、ふぬけ状態になってしまい、それまでせっせせっせと嫁入り支度の縫物に励んだのに、針を見るのも、何をするのも、ぞーっとする程嫌になってしまったことを思い出した。ちょうどその時と同じ程、私には辛かった。毎日のように、宿泊の問い合わせの電話がかかって来るのに、断らなくてはいけないなんて。

「元気を出してくださいよ。お母ちゃんがその気になってくれたら、いつでも、うちへ来てくださいよ」

代わる代わるに電話をかけてくれる子供達。

「うん、そうやねえ。その時は頼むわね」

と、結構軽く受け答えはするのだが……。

楽しく接していたお客さんは、今はもう誰もいなくなった。

一向に元気がない日が続いたある日、徳雄が大阪で開かれたある医学会に私を連れ出した。勿論、会場は医学の関係者ばかりである。徳雄は私を会場の中程の椅子に座らせた。先生方が、次々と研究された成果を発表されるのを、私は緊張して聞いていた。最後になると、徳雄が前に出ていた。

正面のスライドに、大きく映し出されているのは、事故で両眼が蟹の目のように飛び出している男性の上半身である。

徳雄はスライドを指しながら、次々と手術の手順を説明していた。眼底軟骨を人工骨に取り換えて、視神経をつないで、飛び出した両眼を奇麗に収めた。最後のスライドでは、その男性の元気そうな顔が映されていた。この学会の司会をなさったのは、日本でも有名な眼科の先生で、その先生は、

「私は長らく眼科を手掛けているが、こんな画期的な医術を見せてもら

ったのは、初めてです。豊田先生、ますますご活躍ください」
との、お言葉で締め括りの挨拶をされた。

それから間もなくの頃である。阪神の大震災が起きた。割れたり、ずれたりした屋根瓦がモルタルの囲いの中で盛りあがっていた。
この旅館は、昔、大和川が流れていた跡地に、建っているのだとか。川が曲がりくねっていたため、毎年洪水の災害がおきたので、それをなくそうと、江戸時代に仲甚兵衛さんという人が、大和から堺へ真っすぐに、大阪湾へ流れるように大工事をして、埋め立てたため、川の跡地は地盤がゆるく、我家は、今度の震災の影響をもろに受けてしまった。家の前の高架を走る電車の振動が激しくなり、安眠を破る旅館業など、とうてい出来なくなってしまったので、やっとあきらめがついた。

ほとんど建て替えるほど、手入れをした家だけれど、もともと、この旅館は借家であるし、商売が出来なければ、収入もなく、家の補修をするよりと転居をすることにした。

仲子が柏原市の自分の家の近くで、駅や大型スーパーに程近い、そして一人暮らしでも用心のよいオートロック式になっているマンションを見つけてくれた。幸子も、徳雄も、仲子も、

「お母さんが一人で生活が出来る間は、好きなことをしながら、余生を楽しんで、一人で生活が出来なくなったら家へおいでよ」

と言ってくれて、快適なマンション暮らしをさせてもらっている。

働きぬいてきた私に、今になって、こんな幸せな生活が訪れてくれた

のである。

ある日のこと

つい四、五日前も、伸子がやって来た。久しぶりに、ゆっくり話をした。おっとりさんに育ったはずの伸子が、子育てに入った頃から、あわただしい伸子になっていたのに、その日は、昔のおっとりさんに戻ったみたいに見えた。自分の子供達のことを話してくれたり、おしゃべりの後で、

「私は、これまで、夫のことや家のこと、そして子供のことで、またお付き合いのことなどで、行き詰まった時は、いつもお母ちゃんは、ああ

してはったなあ、と思い出して自分で判断して来たんよ。そして、今の私達の幸せがあるのは、お母ちゃんが私達の為に、一人で頑張ってくれたお陰と感謝しているよ。お母ちゃん自身は、長い間には、『なんで私だけが、こんなにえらい目にあわなければならないのか、私の人生は一体何なのか』と思うことが一杯あったやろね」

とぽつりともらした。

「なんでこんなえらい目に、なんて思ったことはないよ。『私の人生は？』なんて思うことなど、とんでもない。家族が無事に生活出来て、子供達がそれぞれ、幸せで、そして社会に、こんなに大きく貢献してくれているのだから。だって、そうでしょう」

伸子は嬉しそうに私のしゃべるのを聞いていた。

徳雄は、フランスでの世界医学会で、考案した鉗子が認められ、「豊田鉗子」と名付けられた。そしてその豊田鉗子は世界中で評価されているということである。

「徳雄は、ドイツの大学医学部の客員教授、カリフォルニア大学サンディエゴ校ヴィジティングスカラーとして、アメリカ・ティシュバンク皮膚委員会委員、近畿スキンバンク学術委員長などの肩書で医学の世界で活躍していることやし、あなたのご主人の雅征さんも、カリフォルニア大学ロサンゼルス校の教授と協同してインプラントなどの研究で活躍なさってるではないの。母親として、これ以上の誇りはないわ。結局私の人生て、最高に幸せと言えるわねえ」

伸子は、こっくり、こっくり、大きくうなずいていた。

昔から「ひにちが薬」と言われているが、全くその通りで、私は新しい生き甲斐を見つけた。それは、下手の横好きで書いた文章を、手探りで独習したワープロに、時には馬鹿にされながら、打印する楽しみを得たのである。ほかにも、衣類や身の回りのものを手作りしたり、友達と日帰りの観光を兼ねた観音様参りに出かけたり……と、残る人生を楽しませてもらっている。

そして私は今、この上なく幸せであることを神仏に感謝しながら生きている、いや生かされているとさえ思っている。子供達は、

「お母さんは、元気で頑張ってくれて、子供孝行やな、何かありそうに思ったら、早めに『ＳＯＳ』出してね」

と言って、そっと見守ってくれている。

あとがき

昨年（平成十四年）、私はある手術を受けました。術後六日目に抜糸ということになり、次女の夫も駆けつけてくれ、形成外科医の長男も来てくれました。

息子は職業柄か、テキパキと指示し、「病人だからといって甘えてはいかん」などと言っていたようです。それを聞いていた次女がたまりかねたのか、話に入り込んできました。

「兄さんは、お母ちゃんにもっとやさしく話をしないとあかんわ。お母ちゃんは一人で私達を学校へ行かせてくれたんやで。しかも、私達兄姉妹、普通の大学よりずっと費用のかかる学校ばっかり行かせてくれたんや。もっと感謝せんといかんわ」

と言うのです。

息子は神妙に聞いていました。しばらく間があって、

「わしは、お母ちゃんは、いつまでもしっかりした元気なお母ちゃん、という思いばっかりやったわ。これからも気がついたことは言ってほしいわ」

と言っています。

これを聞いていた私は、気恥ずかしいのですが、思わず涙が止まらなくなりました。

身内を誉めるようで、これも恥ずかしい限りですが、次女のやさしさ、

そして、私のことをこんな風に思ってくれていたのかと思うと、これまでの苦労が吹き飛んでしまうようでした。また、互いに意見を言い合える兄と妹、そして、これを素直に聞き入れる兄——。こんな子供達がいると思うと、それだけでも私は幸せ者です。

そして今、私達の生活を支えてくれた旅館三笠に改めて感謝したい気持ちで一杯です。これは勿論、三笠にお泊まりいただいた多くのお客様のお陰であることは言うまでもありません。本文には書き切れませんでしたが、宿泊客のお一人お一人にそれぞれの思い出があり、何度お礼を申し上げても足りません。紙面をお借りして最後の「有り難うございました」を申し上げます。

今さら自叙伝なんてはやらないとも思いましたが、いつまでも「しっかりした元気なお母ちゃん」でいるためにも、そして、こんな「ビジネス旅館のおかみ」もいたのだということを世間に知ってもらうためにも、思い切って本にすることにしました。
少しでも多くの方々のお目に留まれば、これに過ぎる幸せはございません。

平成十五年四月

豊田三枝

著者プロフィール
豊田　三枝（とよた みえ）
1923年（大正12）大阪市天王寺公園正門前に生まれ、
岸和田市で育つ。
大阪府立岸和田高等女学校卒業
著書に『犬養先生の思ひ出』（1991）
　　　『大阪府八尾市　近鉄対女ひとり』（1994）

ビジネス旅館の女主人

2003年9月15日　初版第１刷発行

著　者　豊田 三枝
発行者　瓜谷 綱延
発行所　株式会社文芸社
　　　　〒160-0022　東京都新宿区新宿1－10－1
　　　　　　　　　　電話　03-5369-3060（編集）
　　　　　　　　　　　　　03-5369-2299（販売）

印刷所　株式会社平河工業社

ISBN4-8355-6275-5 C0095